请愤怒吧
INDIGNEZ-VOUS!

（法）斯特法纳·黑塞尔 Stéphane Hessel ◎著

河 清 ◎译

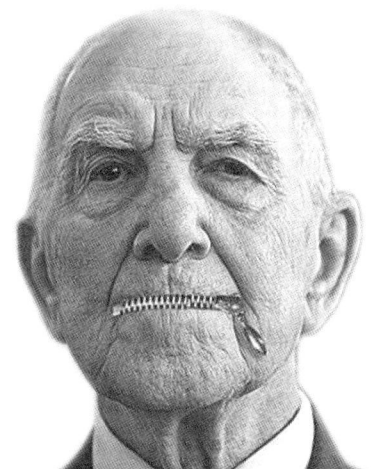

图书在版编目（CIP）数据

请愤怒吧 /（法）黑塞尔著；河清译 . -- 北京：
中央编译出版社，2015.10
ISBN 978-7-5117-2280-5

Ⅰ . ①请…
Ⅱ . ①黑…②河…
Ⅲ . ①哲学—研究—法国—现代
Ⅳ . ① B565.5

中国版本图书馆 CIP 数据核字（2014）第 187947 号

请愤怒吧

出 版 人：	刘明清
出版统筹：	董　巍
责任编辑：	邓永标
责任印制：	尹　珺
出版发行：	中央编译出版社
地　　址：	北京西城区车公庄大街乙 5 号鸿儒大厦 B 座 （100044）
电　　话：	（010）52612345（总编室）　　（010）52612371（编辑室） （010）52612316（发行部）　　（010）52612317（网络销售） （010）52612346（馆配部）　　（010）66509618（读者服务部）
传　　真：	（010）66515838
经　　销：	全国新华书店
印　　刷：	山东鸿君杰文化发展有限公司
开　　本：	762 毫米 ×1066 毫米 1/32
字　　数：	75 千字
印　　张：	3.75
版　　次：	2015 年 10 月第 1 版第 1 次印刷
定　　价：	20.00 元
网　　址：	www.cctphome.com　　邮　箱：cctp@cctphome.com
新浪微博：	@中央编译出版社　　微　信：中央编译出版社（ID：cctphome）
淘宝店铺：	中央编译出版社直销店（http://shop108367160.taobao.com）

凡有印装质量问题，本社负责调换。电话：010-66509618

他是一名人权斗士

他为一切命运不济的人两肋插刀

他在世界历史上留下非常荣耀的一页

他是伟大的思想家和杰出人物

目录

序一
《请愤怒吧》为何成为法国头号畅销书 / 丁一凡 //001

序二
正义的声音虽微弱却久长 / 摩罗 //005

从一幅画说起 / 015
抵抗的原因,是愤怒 / 031
两种历史观 / 037
冷漠:最恶劣的态度 / 041
我对巴勒斯坦现状的愤怒 / 053
非暴力,我们应该学会走的道路 / 059
为了一种和平的暴动 / 063

出版者后记 / 069

附录

1. 法国前总理罗卡尔等人的推荐信：给斯特法纳·黑塞尔诺贝尔和平奖！ / 079

2. 郭仲德：美前总统卡特著《牢墙内的巴勒斯坦》译序 / 085

3. 译者跋：从加利亚诺和黑塞尔谈起——西方"言论自由"的神话 / 097

序一

《请愤怒吧》为何成为法国头号畅销书

丁一凡

这本小册子的作者斯特法纳·黑塞尔（Stéphane Hessel，法音埃塞尔）是一位传奇人物。他出生于德国柏林一个波兰裔犹太知识分子家庭，7岁移居法国。入巴黎高等师范学校学习，并获得法国国籍。1939年第二次世界大战爆发，黑塞尔参加法军抗德。但法军大败、法国沦陷后，他又追随戴高乐将军，渡海赴英加入了抵抗运动。他后来接受了侦察任务，被派潜回法国。但被德军俘获，他经受了各种酷刑，先后被囚于两座集中营。在德国人要把他送上绞刑架前，狱友用死于伤寒的法国青年米歇尔·布瓦泰尔为他调了包，骗过德国人，保得他一命。后在转营至贝尔根－贝尔森集中营途中，黑塞尔与同期被囚的英军敌后武工队员、著名的"大白兔"弗雷斯特·扬－托马斯一起，在乱军中成功逃脱。

二战结束后，他经过再培训成了一名外交官。他先负责联合国的贷款工作，然后于1946-1948年间又成为制定联合国人权公约的委员会的秘书，代表法国在联合国负责人权和社会问题工作，成为《世界人权宣言》的起草人之一。20世纪50年代，他曾为孟德斯－法朗士的内阁服务过，后来又在法国驻阿尔及利亚大使馆和纽约的法国驻联合国代表团工作过，最后，在1977年至1981年，他出任法国驻联合国日内瓦办事处大使。

2010年，黑塞尔93岁时，一不小心成了全法畅销书的作家。那年的12月29日，读书报刊发长篇报道，题目是"93岁法国老革命出书针砭时弊，3欧元小册子夺占年底畅销榜冠军"。黑塞尔出版的政论小册子《请愤怒吧》（Indignez-vous!），厚仅三十多页，定价3欧元，一举成为法国头号畅销书，售出了好几百万册。黑塞尔在书中斥责社会不公、不义、不平等现象，抨击今日法国社会贫富分化不断加剧、政府对非法移民的态度令人发指、法国新闻自由的沦丧、对环境破坏的放任，特别表达了他对巴以冲突中以色列暴行的愤恨和对巴勒斯坦困境的同情。他呼吁人民挺身而出，不要等待，以和平的、非暴力的方式表达自己的愤怒。

黑塞尔的小书一出版，立即成为当年那些"占领华尔街""占领伦敦""占领巴黎"等群众运动的指导方针，黑塞尔也成为这些青年运动的精神领袖。

2013年2月，当黑塞尔以96岁高龄逝世后，联合国人权事务高级专员纳瓦内泰姆·皮莱这样评论黑塞尔："他与当年起草人权宣言的团队的关系十分紧密,这本身就可以使他在世界历史上留下非常荣耀的一页,但他并不满足,直到90多岁还一直在为人权事业奋斗。他全身心地支持人权的核心原则,从不让政治或个人问题影响他对那些重要的、不太受人欢迎的问题的评判,比如移民和种族主义。他是个伟大的思想家和杰出人物。"联合国人权委员会的47个成员国的代表还"破天荒"地为黑塞尔的去世默哀了1分钟。

当墨塞尔的小书出版后,英国有媒体撰文指出,诺贝尔委员会应该把和平奖颁给他。然而,尽管黑塞尔一生都在为人权事业奋斗,诺贝尔委员会却对这样一位人权斗士置若罔闻,宁可去奖励某些鼓吹殖民主义、鼓吹发动侵略战争的人,把那些人吹捧成"人权斗士"。反差如此鲜明。诺贝尔委员会想奖励什么,想引导什么,这其中的奥妙还不都变得昭然若揭了吗?

序二

正义的声音虽微弱却久长

摩 罗

在喧嚣的传播界，黑塞尔的声音是微弱的，正义的声音常常都是这么微弱。

当我第一次捕捉到黑塞尔的微弱声音，第一次从他笔下读到他对以色列的谴责，我感到非常惊讶。在长期的巴以冲突中，西方人出于地缘政治的考虑，一直不顾基本道义，铁心支持以色列。黑塞尔作为一个担任过驻联合国大使的法国外交家，怎么会站在巴勒斯坦人一边说话呢？

2009年，90多岁的黑塞尔带着妻子前往以色列严密封锁的加沙地带考察。他说："我们参观了1948年以来联合国机构（UNRWA）设立的巴勒斯坦难民营。在那里，300万被以色列从自己土地上驱赶出来的巴勒斯坦人，空守着根本不太可能返乡的希望。至于加沙，那是一个150万巴勒斯坦人的露天监狱。在这座监狱里，他们组织起来继续活下去。"

黑塞尔陈述了巴勒斯坦难民的悲惨境遇后说："我赞同南非法官的结论：犹太人自己竟然犯下战争罪，这不可容忍。"同时，他极为无奈地感叹道："可叹，历史给出血的印证：很少有能从自己的历史中吸取教训的人民角度。"

他的感叹一定能激起很多人的共鸣。犹太人在漫长的历史时期，一直遭到欧洲人的歧视和掠夺，在中世纪宗教裁判所里和二战期间德国人建设的集中营里，他们的命运坠入最低谷。二战以后，西方国家控制的联合国让犹太人聚居在巴勒斯坦地区，允许他们在这里建立以色列国。可是他们对其他民族的迫害、屠杀，并不比当年的宗教裁判所和法西斯仁慈一些。巴勒斯坦地区阿拉伯人的噩梦就是从以色列建国开始的。

巴勒斯坦地区是指从约旦河以西到地中海东岸之间一条南北走向的狭长地带，总面积2.7万平方公里。二战后犹太移民进入此地时，这里94%的土地由巴勒斯坦人居住，犹太人只占6%。1947年以色列宣布建国时，联合国未经巴勒斯坦人同意，将1.45万平方公里土地划归以色列，占全部土地的53.7%，巴勒斯坦人只剩下1.25万平方公里。

经过1947年、1949年、1967年多次侵略战争，以色列占领了巴勒斯坦78%的土地，阿拉伯人仅剩下22%。就是这22%的土地，也大部分处于以色列人的控制之中。巴勒斯坦人的居住区被以色列定居点、以色列人控制的道路网、预定屯垦区等因素，隔离成互不相连的地块。约旦河西岸那么个巴掌之地，竟然被分割成将近 150 块大大小小的隔离区！加上加沙地带，这个国家是由大约 200 个彼此隔离的居民区组成的。平均每个居住区只有 13~14 平方公里，也就是中国大城市两三个居委会的面积。这些隔离区都是与世隔绝的，被黑塞尔命名为"露天监狱"，这个名字再合适不过。

隔离区四周，要么是以色列人的预留屯垦区，要么是无人区（巴勒斯坦人被迫撤离时，被以色列人埋了地雷炸弹的地区），要么是隔离墙，要么是被以色列军队控制的道路。巴勒斯坦人基本动不得。巴勒斯坦人要想彼此往来，必须得到以色列人的允许，并经过他们的严格检查。要是一个居民区的人想与另一个居民区的人谈恋爱，你得经过守边关的以色列军人的同意，才能获准跟恋人见面。

与此相关的是，大多数曾经生活在以色列境内的阿拉伯人，以及被以色列入侵占领家园的其他国家（比如叙利亚）的阿拉伯人，被迫流落在周边几个阿拉伯国家，六十多年来他们有家不能归，像历史上的犹太人一样漂流异乡。这些难民已经发展到五百万人口之众，只要他们一跨越隔离墙，以色列军队就格杀勿论。不少难民就在亲吻自己的土地时被以色列军人枪杀身亡。

那些依然生活在以色列境内的少数阿拉伯人，他们被禁止购买、租用土地，相当于南非种族隔离时期的黑人地位，实际上没有公民权。

这些走投无路的巴勒斯坦人，他们要想改变命运，仅仅跟以色列人斗争并无效果，因为以色列人背后站着美国、英国、法国等等西方国家。整个世界的秩序都是由这些国家控制的。在以色列发动第一次侵略战争时，美国、法国给以色列提供了大量的轰炸机、坦克和大口径火炮等重型武器。在后来几十年的巴以冲突中,西方势力一直袒护以色列,由他们主导的世界舆论,从来不只是片面地批评他们的反抗。他们把巴勒斯坦人争取自由的斗争称为"恐怖主义"。

何况,巴勒斯坦人实际上连跟以色列斗争的条件也没有,因为他们无法从事任何政治活动,无法开会讨论自己的前途命运,无法组织起来联合行动,无法立国,无法建立政府,无法进行任何有效的反抗。

西方媒体从来不客观介绍巴勒斯坦地区的真实情况,只有黑塞尔这样特别富有良知的个别人物,为巴勒斯坦人的境遇感到不公。黑塞尔无疑是个和平主义者,可是他对巴勒斯坦人的同情使得他不得不认可巴勒斯坦人的反抗。他说:"我知道,赢得最近几次立法选举的哈马斯,不能保证没有火箭弹射向以色列城市,作为加沙人处于封锁隔绝状态的报复。我当然认为恐怖主义不可接受,但应当承认,当你被军事手段无限优于自己的对手占领时,民众的反应不可能仅仅是非暴力的。"

也有一些巴勒斯坦人选择和平的方式抗议以色列的屠杀和占领,比如有的阿拉伯人在以色列的隔离墙边来回步行表示抗议,以色列人甚至将这种步行抗议称作"非暴力恐怖主义"。黑塞尔对此忍无可忍,颇有拍案而起的意味。他说:"只有以色列才说得出把非暴力称作恐怖主义。非暴力的有效性让以色列政府很为难,其有效性是因为非暴力激起了全世界反对压迫的人的同情、支持和理解。"

按照西方人的用词习惯,黑塞尔无疑属于真正的人权斗士。他不只是为受苦受难的巴勒斯坦人呐喊,也在为一切命运不济的人两肋插刀。他一辈子都在发出正义的声音。他对社会的罪恶、资本的贪婪、制度的弊端,都有深刻的洞察和拍案而起的激情。年轻时他就是一个抵抗法西斯侵略的战士。在法国政府投降希特勒的时候,他辗转来到英国,追随戴高乐的抗战团体，后来又奉命潜回法国，参与组织抵抗运动。他是一个名副其实的抵抗者。

二战结束以后，当法国的殖民地阿尔及利亚要求独立时，他说："阿尔及利亚应当独立，这显而易见。"

面对当今世界的贫富分化，他批评说："穷人和富人的差距，从未像今天这么巨大。对金钱的追求和竞争，从未像今天这样被鼓励。"

他把当今全球化格局中的霸权威胁，命名为"国际专制"，呼吁人们"不要被当今金融市场的国际专制所吓倒。这个专制威胁着和平与民主。"

对于主导当今国际社会的极具破坏力的发展模式，他也发出了严厉的抨击。他说"西方提出的生产主义思维，已把世界带入一种危机。要走出危机，人们必须与金融领域和科技领域'多而越多'的加速前行作彻底的决裂。是时候了，人们应该把关注伦理、公正和持久的平衡放到最重要位置。因为，一些最严重的风险在威胁着我们。这些风险可以中断人类在这个星球上的冒险,让这个星球变得不适合人类居住。"

他认为这种发展模式实际上就是"一切人反对一切人的过度竞争",所以,他无法遏制自己的愤怒。

他号召人们为了维护自己的权利和自由,应该敢于愤怒。弱国应该对强国愤怒,被掠夺的弱者应该对掠夺者愤怒。

愤怒的目的是什么?当然是创造一个更好的未来。

我并不是无条件赞成黑塞尔书中的所有观点,但是我依然认为,在这个不公的世界,黑塞尔显然是巍然屹立的良知者。他正义的声音虽然微弱、虽然边缘,却悠远绵长,能穿透文明的隔膜、种族的偏见,值得东方人西方人共同倾听。

译者河清先生,在法国留学十余年,对法国的思想脉搏颇多感应,对东西方国家的不平等和东西方文化权力的不均衡尤有痛切感受。他跟黑塞尔的愤怒可谓心心相印,由他来传播黑塞尔的正义声音实在顺理成章。我读过河清《民主的乌托邦》《艺术的阴谋》等大作,对他的洞察力、正义感和学问识见都很佩服。他回国后担任浙江大学教授,同时也在清华大学和首都师大兼任教职。他来北京授课时我们经常聚首畅谈。能为黑塞尔和河清的作品写序,是我莫大的荣幸。

这本《请愤怒吧》在法国受到广泛欢迎和尊敬,可见世界多么渴望正义的声音。希望这本良知之作在中国读者中也产生同样的反响。

从一幅画说起

保尔·克利:《新之天使》,1920年,水彩,31.8cm×24.2cm,以色列博物馆,耶路撒冷

斯特法纳·黑塞尔在书中提到了保尔·克利（Paul Klee）的这幅画，以及德国哲学家瓦尔特·本杰明（Walter Benjamin）在《历史哲学论纲》中对此画的评论。本杰明在1940年震惊于苏德协约而写作了《历史哲学论纲》。瓦尔特·本杰明是这幅画的第一位收藏者。他在这幅画中看到一个天使，在抗拒"我们名之为'进步'的风暴"。

瓦尔特·本杰明《历史哲学论纲》的原文为:"克利有一幅名为《新之天使》的画。画中的天使好像有意离开他眼光凝神的对象。他瞪大双眼,嘴巴张开,翅膀扬起。这正是历史天使应有的形象。它的脸朝向过去。在那里,一连串的事件呈现在我们面前。它看到的过去只是灾难。灾难叠灾难,废墟叠废墟,摔到了天使脚前。天使很愿意停下来,去唤醒死者,召集失败者。但从天堂吹来了一阵风暴,鼓起了天使的翅膀,以致它无法将翅膀合上。这风暴不停地把它推向它所背对的未来。它面对的废墟已堆到了天上。这风暴,就是我们所说的进步。"

——译注

这套丛书的名字"顶风而行的人",是取自一个北美平原的印第安部落之名——奥马哈斯。人们都是用这个名字来指称这个属于西乌族的部落。

93岁,可以说是人生最后的阶段。归宿已不太远了。多么幸运,我能利用这点光阴,来重申我政治生命的基础:抵抗运动岁月和60年前全国抵抗委员会撰写的纲领!是让·穆兰(Jean Moulin)召集组成了这个委员会,把沦陷法国的所有抵抗运动、党派和工会组合在一起,宣布参加战斗法国,承认其唯一的首领戴高乐将军。1941年3月,我投奔在伦敦的戴高乐将军。我在伦敦得知全国抵抗委员会拟定了一个纲领,并于1944年3月15日通过,为法国解放后提出一整套原则和价值,作为我国现代民主的基础。①

　　这些原则和价值,我们今天比任何时候都迫切需要。我们大家有责任维护我们的社会,保证它还是一个我们感到骄傲的社会,而不是这个无居留证者、驱逐猜疑移民的社会,不是这个减少退休金、责难社会保险制度的社会,不是这个富人掌控媒体[按1]的社会。这个社会不应该有这些我们拒绝接受的事物,如果我们是全国抵抗委员会真正继承人的话。

在一场残酷的战乱之后,从1945年起,抵抗委员会的各派力量进行了一场抱负宏大的国家复兴。请注意,正是在那时建立了社会保险(Sécurité sociale)。这是抵抗委员会所要求,也是其纲领所宣示:"建立一个社会保险的完整计划,旨在保证所有公民,在任何以劳动无法获得生存手段的情况下,获得一些基本的生存手段";"建立一个退休制度,使年老的劳动者能有尊严地度过晚年"。能源(电力、煤气、煤炭)和大银行,都被国有化。这也是这个纲领所提出:"将那些被垄断的大生产手段,集体劳动的成果,以及能源、地下资源、保险公司和大银行收归国有"[按2];"建立一种真正的经济和社会民主,避免那些经济和金融大封建主控制经济"。普遍利益应当高于私人利益,公平分配劳动世界创造的财富应当高于金钱的强权。抵抗委员会建议"理性地组织经济,以保证个人利益从属于普遍利益，解脱法西斯国家那样的职业专制"。后来的共和国临时政府继承了这些条款。

一个真正的民主需要一个独立的新闻媒体。抵抗委员会深知并力求这一点，捍卫"新闻媒体的自由和尊严，独立于国家、金权和外国势力的影响"[按3]。1944年颁布的新闻法继承了这些要求。而今天，正是媒体的独立性处于危险中。

抵抗委员会呼吁"所有的法国孩子真正能够享受最良好的教育"，没有种族歧视。然而，2008年政府提出的教育改革，完全背离这个计划。一些年轻的教师（我支持他们行动），甚至拒绝实施改革，但他们的工资被削减，受到惩罚。他们愤然"拒绝服从"，认为这些改革太远离公立学校的理想，太为金钱社会服务，不再发展一种创造和批判精神。

抵抗运动的整个社会成果的基石，在今天受到了质疑。②

注释：

①全国抵抗委员会于1943年5月27日在巴黎秘密成立，参加者是八大抵抗运动的代表。八大抵抗运动是：两大战前工会——CGT（全国劳工联盟）、CFTC（法国基督教劳工联盟）和六个第三共和的主要政党（包括法国共产党和社会党）。全国抵抗委员会第一次会议是在让·穆兰的主持下召开的。让·穆兰是戴高乐将军的特使。戴高乐将军设立这个委员会是为了使抵抗纳粹的斗争更加有效，并加强他在盟友面前的合法性。戴高乐委托这个全国抵抗委员会拟定一个法国解放后的政府纲领。这个纲领在全国抵抗委员会和自由法国政府之间来回磋商了好几次，在伦敦也在阿尔及尔，最终于1944年3月15日被全国抵抗委员会全会通过。1944年8月25日，这个纲领由全国抵抗委员会在巴黎市政厅隆重交给戴高乐将军。要注意的是，关于新闻的法令8月26日就予以颁布。纲领的主要撰写者之一是罗

热·庚斯布热尔（Roger Ginsburger）。他是阿尔萨斯拉比的儿子。当时，他的化名叫皮埃尔·维庸（Pierre Villon）。他是法国共产党1941年创建的抵抗运动"法国独立全国阵线"的总书记，他在全国抵抗委员会及其常任局里代表这个运动。

② 根据一个工会会员的估计，大致规模上，退休金从原工资的75%~80%降到50%左右。兰斯－香槟－阿登大学经济系副教授让－保尔·多曼（Jean-Paul Domin），2010年给欧洲工资研究院撰写了一份关于"补加性疾病保险"的报告。他在报告中透露，如今交得起补加性保险的，是良好职业地位的特权。那些贫弱者因没有补加性保险和需支付昂贵费用而放弃治疗。问题的原因是没有把工资作为社会权利的支撑。而这点正是1945年10月4日和15日法令的中心要点。这个法令宣告设立了社会保险制度，并把社会保险的管理置于劳工代表和国家的双重权

威之下。但自从1995年颁布的儒佩改革和2004年的杜斯特·布拉吉（Douste Blazy专业医生）法令以后，是国家单方管理社会保险。比如，是国家元首签署法令任命疾病保险全国储蓄金库（CNAM）总裁，而不是像解放后初期，是工会会员领导管理行省一级的初级储蓄金库，国家是通过省长来管理。如今，劳工代表只起到一种顾问的作用。

译者按语：

［按1］ 富人掌控媒体

黑塞尔指责西方"富人掌控媒体"，揭示了一个隐蔽但非常真实的西方现实。哪有什么"中立""客观""公正"的媒体？西方主要媒体背后都是大财团和跨国公司。媒体都要为背后的主人说话，成为这些主人的"新看家狗"。（参阅 Les Nouveaux Chiens de Garde 一书）

法国的主要媒体,电视台、报纸、杂志、出版业,也都被大财团所控制。法国电视一台(TF1)后面有 Bouygues 财团。《快报》周刊先后属于 Alcatel 和 Havas 财团。法国的出版业相当程度被 Matra-Hachette 集团操控。法国一家"通用水务公司"(La generale des Eaux,近年掌控了大量中国城市的自来水业务),也大举收购传媒企业,1998 年更名"威旺迪"(Vivendi),成为西方传媒业巨子之一。

还需要指出的是犹太财团对世界主要媒体的控制和影响。犹太财团对美国和世界主流媒体的控制和影响,可以说是公开的秘密。

张国庆先生在新著《话语权》一书中指出:"犹太人掌控和影响的媒体数量十分惊人。"(第114页)

记者王瑶在《美国政治血统中的犹太基因》一文中指出:"犹太人直接操控着美国的新闻舆论。"(《国际先驱导报》2009 年 1 月 15 日)

美国"人民之声"(thepeoplesvoice.org)等网站,有文章认为"六大犹太传媒公司控制世界96%的媒体"。迪斯尼集团、美国广播公司(ABC)、哥伦比亚广播公司(CBS)、全国广播公司(NBC)、时代华纳,还有《纽约时报》《华盛顿邮报》《华尔街日报》等报刊,还有好莱坞电影业……都是犹太裔老板或由犹太裔掌控。

正因为犹太势力控制着世界主要媒体,所以世人很少听到对以色列不利的新闻消息,也很少有巴勒斯坦人民真实状况的报道,终于引起黑塞尔的愤怒……

同时也可以说,我们每天看的报刊和电视电影,还有知识界的书籍和教育界的课本,当今世界的"主流媒体"和"主流知识"都深受犹太财团势力的影响。我们长年都在接受这样的"媒体""知识"洗脑。

[按2] 地下资源、保险公司和大银行收归

国有

可是在中国，在西方新自由主义"私有化"思想影响下，有些时候在有些地方地下资源也开始"私有"。私人煤矿名正言顺地开，私人也可以开采其他矿产。这对于已经有过公有制经历的中国人民来说，是难以接受的。

尤其，这种地下资源私有化，其实是给国际资本开了绿灯。据有关报道，中国的许多重要黄金矿藏，都被外国资本购控。

［按3］新闻媒体……独立于国家、金权和外国势力的影响

当今中国的某些新闻媒体，深受"外国势力的影响"，独立意识还不够。中央电视台曾大量采用国际主流媒体的"新闻"。有时，连解说词都不加处理，直接翻译过来，就向中国观众播报了。

以色列特工在阿联酋暗杀哈马斯高官，从头到尾没有一句谴责的话，反而称赞以色列摩萨德如何精干，"声名鹊起"。而报道巴勒斯坦武装人员劫持以色列运动员，则一口一个"巴勒斯坦恐怖分子"……央视曾报道利比亚战事，派出的一位此前在香港凤凰台工作的特派记者，明显站在西方立场，对利比亚政府持批评习难态度。

更匪夷所思的是，中国个别媒体还创造了"多国部队"的说法，来代替西方媒体使用的"联军"（coalition）一词，显然是为了避免让中国老百姓联想起"八国联军"！

本来，西方主流媒体在一些"大是大非"问题上呈高度一致。这时非常需要一个独立的媒体声音，就像当年的半岛电视台，传播一些西方主流媒体有意遮蔽的信息。中国媒体也应当这样，独立地向全世界传达中国对世界新闻事件的立场和看法。

国家的新闻媒体代表了一个国家的话语权。在相当意义上,也是一种国家的主权。

除了被动受西方媒体的影响,"外国势力"的双眼也紧盯着中国的一些重要报纸、网站。有些网站发布了一些歪曲中国现代历史的言论……"外国势力"对中国知识界、舆论界的影响,制造了巨量的"有毒知识"。

欲灭一国必先灭其史。中国近代史和新中国历史如今已有很多已被西方媒体有意歪曲!

抵抗的原因,是愤怒

人们竟敢告诉我们,国家不可能保障公民福利措施的费用。当初的欧洲是一片衰败。而解放后财富的生产得到巨大的增长,今天的国家怎么会缺钱来维持这些社会保障的成果?只能是因为,曾经被抵抗运动打倒的金钱权力,如今已变得空前强大、傲慢、自私。它在国家的最高级岗位上都有其自己的仆从。今天被私有化的银行，首先考虑的是利润，是经理们的巨额工资，而不是公众利益。穷人和富人的差距，从来没有像今天那么巨大。对金钱的追求和竞争，从未像今天那样被鼓励[按4]。

抵抗运动的基本理由是愤怒。我们，抵抗运动和自由法国部队的老战士，我们呼吁年轻一代起来维护、继承抵抗运动的理想和遗产。我们告诉他们：要接力下去，请愤怒吧！那些政治、经济和知识界的负责人，所有社会的人，不应该放弃，不要被当今金融市场的国际专制[按5]所吓倒。这个专制威胁着和平与民主。

我愿你们每一个人，都要有愤怒的理由。这很珍贵。当某个东西让你感到愤怒，就像当年我被纳粹所愤怒，人们就会起来斗争，变得强大和参与。人们就会投身于这股历史的洪流。历史洪流的延续，要靠每一个人。这股洪流奔向更公正、更自由的方向，而不是这种狐狸闯入鸡窝的不受控的自由。

1948年世界人权宣言所撰写的纲领权利是普世的。如果你遇到某个人没有享有这些权利，请爱怜他，帮助他获得这些权利。

译者按语：

[按4] 穷人和富人的差距，从来没有像今天那么巨大。对金钱的追求和竞争，从未像今天那样被鼓励

这是最近十几年西方推行新自由主义、清算福利国家带来的普遍现象。

中国的经济"精英"也大力引进新自由主义，推行全面"私有化""市场化"。所以这也是中国正在发生的现象。贫富鸿沟日益扩大，社会不稳定因素日益增加。

新自由主义鼓吹国家减少对经济、对社会的干预。中国应当反思新自由主义给西方和中国带来的

结果。

[按5] 当今金融市场的国际专制

要感谢宋鸿兵先生对国际金融历史的深刻剖析，让我们了解了伦敦金融城和华尔街的国际银行家们在金融上对世界的控制。黑塞尔对国际金融市场非常痛恨，称之为"专制"。

法国《外交世界报》主编伊尼阿西奥·拉莫奈（Ignacio Ramonet）认为："金融全球化建立了自己的王国（Etat），有其自己的工具、影响网络和行动手段。但这是一个与任何社会完全无关的王国。金融全球化扰乱民族国家的经济，蔑视其民主原则，强迫各国负债，要求企业支付越来越高的股息，到处都带来不安定……"（维基百科）

拉莫奈对国际金融"王国"的描述，可以说是对黑塞尔"金融市场国际专制"的最好解释。

国际金融"王国"是一个超越各个主权国家之上的独立王国。它像一个世界政府,对各国发号施令。

这个国际金融"王国"有自己的工具,比如美联储(私人银行),比如各国"独立"的央行,比如国际货币基金组织……"强迫各国负债",或者说是引诱、鼓励各国政府负债,全世界各国政府为他们打工,他们永远大赚其钱……这样的故事在不停地上演。

这个国际金融"王国",通过金融手段,到全世界各国吸血,到处都带来社会不安定。如今中国加入世贸,金融边疆日益陷落,国际金融"王国"也对今日中国构成了最凶险的威胁!

"全球化"口号的炮制出笼,如法国著名社会学家布迪厄(*Bourdieu*)揭露,正是为了金融全球化和跨国公司全球化。(参阅布迪厄《遏制野火》)

这些国际银行家是一些真正的世界主义者,一些不需要祖国的人,将自己的触角伸向全世界。他们最容不得人们有"民族"意识、"国家"意识,容不得民族国家保护自己的国民而妨碍他们吸血。所以他们一直鼓吹世界主义,鼓吹全球化!

而有些中国人因为喝了西方"知识"的蒙汗药,以为"全球化"是个宝,浑然不知"全球化"口号的背后,首先是这个危害全世界的国际金融"王国"的"专制"。

两种历史观

我们曾经遭受法西斯主义和维希政府统治。当我试图理解法西斯主义的缘起时,我对自己说,那些拥有财富的人,因为自私而极度恐惧布尔什维克革命。他们被自己的恐惧所驱使。今天就像那时一样,如果有一小部分人积极奋起,这就够了。我们有足够的酵母让面团膨大起来。当然,像我这样出生于1917年的老人的经验,不同于今天年轻人的经验。我经常向一些中学老师要求,去那里跟他们的学生讲话。我对他们说,你们显然没有跟我一样的参与行动的理由。对于我们,抵抗,就是拒绝德国占领,拒绝失败。这相对简单。后来的非殖民化运动也简单。然后是阿尔及利亚战争。阿尔及利亚应当独立,这显而易见。至于斯大林,我们曾经欢迎1943年红军对纳粹的胜利。但一旦我们获悉1935年斯大林的那些大审判,那么,必须反对这种不能容忍的极权主义形式也显而易见,尽管我们对共产主义应当保留一只开放的耳朵以制衡美国的资本主义。我漫长的一生给了我一连串愤怒的理由。

这些愤怒的理由不是缘于情感,而是缘于参与行动的意志。我当时是巴黎高等师范学院的学生,深受萨特这位前届校友的影响。萨特的《恶心》和《墙》,不是他的《存在与虚无》,对于形成我的思想起到非常重要的作用。萨特教导我们对自己说："你们作为个人要有责任感。"这是一个自由者的使命。这是人的责任。作为人，我们既不能信赖一种权力，也不能信赖一个神灵。相反，应当以人的责任之名义参与斗争。当我在1939年进入乌尔姆街的巴黎高师时，我是一个黑格尔的狂热信徒。我去听莫里斯·梅尔洛-庞蒂（Maurice Merleau-Ponty）的研究班。他的课是研究具体的经验，身体以及与感官关系的经验，单数的感觉面对复数的感觉。但我天生的乐观主义，要求一切所愿皆成为可能，又让我转向黑格尔。黑格尔主义解释漫长的人类历史有一个方向：人的自由一阶段一阶段地向前进步。历史由这些连续的突变所组成，这是重视挑战。社会的历史向前进步，在终点，当人达到完全自由时，我们就达于理想形态的民主国家。

当然，也存在另外一种历史观。由自由竞争、追求"多而更多"构成的进步，可以被经受为一种毁灭性的风暴。我父亲的一位朋友就是这样的历史观。我父亲与他一起把马塞尔·普鲁斯特（Marcel Proust）的《追忆似水年华》翻译成德语。这个人就是德国哲学家瓦尔特·本杰明。他从瑞士画家保尔·克利的《新之天使》这幅画中，得出一个悲观主义的解读。画面上，天使张开双臂，好像要顶住和推拒一个他名之为进步的风暴。本杰明在1940年9月为逃避纳粹而自杀。对于他来说，历史的方向，是不可抗拒地从灾难走向灾难。

冷漠：最恶劣的态度

的确，愤怒的理由在今天可以显得不那么明显，或者说世界显得太复杂。谁在主导，谁在决策？要明辨那些统治我们的暗流，并非易事。我们所面对的，不再是一小部分我们能清楚了解其活动的精英。这是一个巨大的世界，我们切实感知到这是一个互为依存的世界。我们生活于一种前所未有的相互关联性之中。但是在这个世界，有一些不能容忍的事物。要看到这些事物，需要仔细观察和探寻。我对青年们说：作一些探寻，你们就会发现。最恶劣的态度，就是冷漠，说"我无能为力，我自己应付"。如果你这样行为，你就失去了作为人类最本质的一个要素。这个不可或缺的要素，就是愤怒的能力，以及由此而来的参与行动的能力。

人们已经可以明辨两个新的大挑战：

1. 贫者和富者之间的巨大差距，在不停地增大。这是20世纪和21世纪的一项创新。那些今日世界的穷困者，每天只挣两美元。人们不能放任这个差距继续扩大。仅仅这个事实就应当能引导人们起来行动。

2. 人权和地球的状况。我有幸在解放后参与撰写世界人权宣言。1948年11月10日，在巴黎夏约宫，联合国组织通过了这个宣言。我当时的身份是联合国副秘书长和人权委员会秘书亨利·洛基耶

（Henri Laugier）的办公室主任。我是以这个身份，与其他人一起，参与了这个宣言的撰写。我不会忘记洛内·卡森（René Cassin）在宣言起草过程中的作用。他是1941年伦敦自由法国政府的司法和教育全国专员，1968年获诺贝尔和平奖。我也不会忘记皮埃尔·孟德斯·弗朗斯（Pierre Mendès France）在经济和社会委员会里的作用。我们草拟的文字先交给他，然后再递交给负责社会、人文和文化问题的大会第三委员会审读。这个委员会包括了当时联合国的54个成员国，我负责秘书处。我们要感谢洛内·卡森提出了"世界"（universel）人权这个词，而不是我们的盎格鲁撒克逊朋友们提出的"国际"（international）人权。这正是世界大战之后的首要任务：解脱极权主义强加给人类的威胁。为了解脱这个威胁，应当让联合国的成员国保证遵守这些普世权利。这是一种挫败国家主权论的方式。根据这个主权，一个国家可以在自己的国土上实施一些反人类的罪行。这正是希特勒所做的。他自认是自己国家的主人，合法导致一场种族灭绝。这个世界人权宣言，很大程度是缘于对纳粹、法西斯和极权主义的普遍厌恶，甚至是由于我们在场，缘于抵抗运动的精神。当时我觉得应当赶快行动，不要被那些胜利者宣布赞同这些价值而暗含的虚伪所欺骗。当时并非所有人都有意真心推动这些价值，而是我们试图强加给他们这些价值。③

我禁不住想引用世界人权宣言的第15条："任何人都有权享有国籍"；第22条："任何人作为社会的成员，都有权享有社会保障，并有权获得满足那些为他的尊严和人格的自由发展所必需的经济、社会和文化的权利。这种满足需要国家的努力和国际的合作，考虑到每个国家的组织和资源。"如果说这个宣言只有宣告性意义而无法律意义，但自1948年以来它仍然起到很大作用。人们看到一些殖民地人民在争取独立的斗争中援用了这个宣言。宣言播种于人心，鼓舞他们为自由而战。

我高兴地看到，在最近几十年中，非政府组织和社会运动日益增多，诸如金融交易税和公民行动协会（Attac）[按6]、国际人权联合会（FIDH）、大赦组织……它们一直在活动并卓有成效。显然，今天为了效率，人们必须形成网络联合行动，利用一切现代通信手段。

我对青年们说：请看看周围，你们就会发现让你们愤怒的主题——那些对付移民、无居留证者和罗姆人的行径。你们会发现一些具体的情景，让你们投身一场盛大的公民行动。寻找吧，你们会有发现！

注释：

③世界人权宣言是1948年12月10日在巴黎，由联合国大会通过。58个成员国有48个国家投了赞成票，8票弃权：南非（因为实行宣言谴责的种族隔离）、

沙特阿拉伯（因为男女平等的原因），还有苏联（俄罗斯、乌克兰、白俄罗斯）、波兰、捷克斯洛伐克、南斯拉夫。这些国家弃权是认为人权宣言关注经济和社会权利以及关注少数民族权利问题不够。人们可以注意到苏联特别反对奥地利提议建立一个国际人权法庭，负责研究提交给联合国的各种情愿。这里要提请注意的是，宣言第八条引入了个人可以起诉国家的原则，如果个人的根本权利受到侵害。这个原则1998年在欧洲得到实现，建立了常设欧洲人权法庭，为八亿欧洲人保障这个起诉权。

译者按语：

[按6] 金融交易税和公民行动协会——*Attac（Association pour la taxation des transations financières et pour l'action citoyenne）*

黑塞尔非常肯定 *Attac*（金融交易税和公民行

动协会）的活动。

这个协会是于1998年，正值亚洲金融风暴，由前面提及的法国《外交世界报》主编伊尼阿西奥·拉莫奈倡议，在法国巴黎成立。这个协会的最初宗旨，是要求实行美国经济学家詹姆斯·托宾（James Tobin）提出的对全球金融交易征税。

当今世界金融市场，每天的金融交易达1.5万亿美元，而实际用于商品和服务的交易只占总交易量的5%。世界金融高度虚拟化，金融投机猖獗。为此托宾提出对所有金融交易征收0.2%的税，以打击金融投机，将所得资金用于资助世界的贫困人口。

所以最早Attac的名称，是"倡议托宾税帮助公民协会"（Association pour une taxe Tobin d'aide aux citoyens）。

后来该协会的内涵逐渐扩大。除了继续要求征收金融交易税，更有了反对新自由主义、"反全球化"、反生态主义等要求,带有左派色彩。所以现在改名为"金融交易税和公民行动协会"。

现在Attac协会已在世界38个国家设有分会,是一个世界性的非政府组织,尤其以法国和德国势力最强盛。其主要要求:

——要求更严密地控制国际金融市场,反对"经济金融化"。

—— 反对全球化,抗议世贸组织、世界银行和国际货币基金组织(其实世界银行和国际货币基金组织既不"世界"也不"国际",两家都属于美国财政部!尤其后者专门为新自由主义服务,搞垮俄罗斯,让穷国负债,干尽坏事。不明白,为什么中国的"精英"还对这两家打着"世界"旗号的美国机构那么在意?)

——捍卫人类共同资源:水、食物、信息,倡扬生态意识。

—— 反对转基因作物。(在中国,受那些"有毒知识"的影响，有的机构全力支持转基因技术，为转基因作物商业化开绿灯。）

—— 取消穷国债务，取消避税天堂。

……

很可惜，在世界主流媒体的信息遮蔽下，中国知识界很少知道"Attac"的活动。事实上，目前中国是国际金融投机的最大受害者，应当全力支持征收"托宾税"。或学巴西正在做的那样，对所有进入国内的热钱征税。

有意思的是，在法国不仅有 Attac 总会，还有各地区各城市的 Attac 分会，独立行动。有个巴黎第 15 区 Attac 分会，提出"反对股市"，分析股市的危害性，非常有见地：

原先，企业大都是通过银行融资。但 20 世纪 80 年代以后，西方企业趋于不再通过银行，自己直接发行股票来融资。西方股市蓬勃发展，带来了经济"金融化"、经济投机化，也带来经济的不稳定。

"股市监管做不好，也不可能做到。系统性的投机，导致股市泡沫出现。股市机制对其他经济机制的统治，带来一种食利者经济……全球运作的股市现象，导致世界国家及其公民令人忧心的无能为力。"

"金融市场并不中性。它对真实经济发生确实的影响。说股市是一个纯粹竞争的完美世界，说金融是企业经济状况的准确反映，这样的理论站不住脚……股市不是一个信息完美透明的世界。股市行为是根本非理性的……"（*Attac*, Paris 15me, 2001年11月27日）

其实，股市带来了一个"食利者"的投机经济，大家都不去从事实体经济的生产。股市就像一个巨大的赌场，全民参赌，全民投机。资本的收益大大增加，而劳动的收益则微不足道，培养了不劳而获的社会心理。

王小强先生写过一本《投机赌博新经济》的书，

把当今中国的股市经济称作"投机赌博新经济",非常准确而形象。

尤其,如今的美国已将实体经济转移到"新兴国家",自己专营金融业和服务业。中国开设股市,很大程度上只是成为国际银行家们的提款机!巨额投机资金进进出出,滚滚卷走中国人民辛苦创造出来的财富。

一些重要企业股份化,有朝一日,被国际资本购得大比例股份,董事会以及企业本身都将落入国际资本之手,就像"娃哈哈"品牌险些换成法国东家,就像巴菲特经常用大比例购买股份的方式吃掉一家企业……中国企业股份化,事实上就把自己放到了国际金融家们的砧板上了!

增强中国的金融安全和金融独立,刻不容缓。

我对巴勒斯坦现状的愤怒

今天,我主要的愤怒是有关巴勒斯坦、加沙地带和约旦河西岸。这里的冲突就是愤怒的根源本身。人们必须读一读理查德·戈德斯通(Richard Goldstone)2009年9月关于加沙的报告。在这份报告中,这位南非的法官,犹太人,甚至自称犹太复国主义者,指控以色列军队在持续三周的"铸铅行动"中，犯下了"可归为战争罪，也许在某些情况下可归为反人类罪的行径"。2009年，我曾亲往加沙。我与妻子幸亏持有外交护照，得以进入加沙亲眼调研这个报告所说的情况。陪同我们的人没有被允许一起去加沙地带，也不允许去约旦河西岸。我们参观了1948年以来联合国机构（UNRWA）设立的巴勒斯坦难民营。那里，300万被以色列从自己土地上驱赶出来的巴勒斯坦人，在等待着日益没有希望的返乡。至于加沙，那是一个150万巴勒斯坦人的露天监狱[按7]。在这个监狱里，他们组织起来继续活下去。比"铸铅行动"炸毁红十字会医院那样的物质摧毁更强大的，是加沙人的生存表现，他们的爱国主义，他们对大海和海滩的爱，他们为孩子们过得好的竭力关照。无数面带笑容的孩子，萦回在我们的记忆中。他们被迫应对各种物品匮乏的巧妙方式给我们留下深刻印象。我们看到他们因没有水泥而制作砖块，以重建几千座被以色列坦克摧毁的房屋。人们向我们证实，在以色列军队发动的这个"铸铅行动"过程中，有1400名巴勒斯坦人死亡，其中包括妇女、儿童和老人。而以色列这边，只有五十几人受伤。我赞同南非法官的结论：犹太人自己竟然犯下战争罪，这不可容忍。可叹，历史给出例证：很少有能从自己的历史吸取教训的人民。[按8]

我知道，赢得最近几次立法选举的哈马斯，不能保障没有火箭弹射向以色列城市，作为加沙人处于封锁隔绝状态的报复。我当然认为恐怖主义不可接受，但应当承认，当你被军事手段无限优于自己的对手占领时，民众的反应不可能仅仅是非暴力的。

向斯德洛特市发射火箭弹，对哈马斯有益吗？答案是否定的。这对哈马斯的事业并无益处。但人们可以解释，这样的举动是因为加沙人的激愤（exaspération）。对于激愤的概念，我们应当把暴力理解为一种令人遗憾的结果，因为实施者遭受了不可接受的境况。因此人们可以说，恐怖主义是一种激愤的形式。这个激愤，是一个否定性词语。人们不应该丢掉希望，而是去希望。激愤是一种对希望的否定。它可以被理解，我甚至说它很自然，但它不可接受。因为它不能得到希望可能产生的结果。

译者按语：

[按7] 加沙地带……露天监狱

这是黑塞尔对以色列压迫巴勒斯坦人民的最强烈控诉。

[按8] 很少有能从自己的历史吸取教训的人民

这里黑塞尔是批评以色列犹太人忘记了当年受德国纳粹压迫，被关入集中营，现在反过来压迫巴勒斯坦人民，实施种族隔离，并轰炸打击。黑塞尔的正义感令人钦佩："犹太人自己竟然犯下战争罪，这不可容忍！"

"很少有能从自己的历史吸取教训的人民"，这话对于中国人民来说也适用。

一百年来，中国人尝试西方的"共和""民主"，试图全面西化，代价惨重终不悔。左的西方乌托邦破灭了，对右的西方乌托邦依然执迷不醒。中国知识界已全面反思，或反思了太多"左"的创痛与"右"的弯路，却不明白走中国特色社会主义道路是自己最正确的选择！

既不从苏联亡国惨剧得到殷鉴，也"不从自己的历史吸取教训"，可叹。

中国只有重返中国自己文化的源流，才能真正复兴。（参阅河清《破解进步论——为中国文化正名》，中央编译出版社）

非暴力,我们应该学会走的道路

我坚信,未来属于非暴力,属于不同文化的和解。只有通过这条道路,人类才能跨越一个新阶段。在这里,我赞同萨特。人们不能原谅恐怖分子扔炸弹,但人们可以理解他们。萨特在1947年写道:"我承认,暴力,不管以任何形式表现,都是一种失败。但这是一种不可避免的失败,因为我们处于一个暴力的世界。诚然使用暴力是一种使暴力可能延续的暴力，但依然真确的是，使用暴力是终止暴力的唯一手段。"④对此我要补充，非暴力是一种更有效的终止暴力的手段。人们不能像萨特那样，在阿尔及利亚战争期间或1972年慕尼黑奥运会以色列运动员遭袭击之时，以此原则的名义支持恐怖主义者。这并不有效。萨特自己在晚年终于自问恐怖主义的意义，怀疑其存在理由。说出"暴力并不有效"，比知道是否要谴责使用暴力者重要得多。对有效性这个概念，应当有一种非暴力的希望。如果说存在一种暴烈的希望，那是在吉约姆·阿波利奈尔（Guillaume Apollinaire）的诗歌中："希望是多么暴烈！"而不是在政治中。1980年3月，萨特在去世三星期之前告诉世人："应该试图解释为什么当今这个可怕的世界只是漫长历史发展中的一个瞬间，希望仍是革命和暴动的主导力量之一。我还感到我的未来观是希望。"⑤

应当明白，暴力与希望背道而驰。应该舍暴力取希望，非暴力的希望。这是我们应该学会走的路。无论是压迫者还是被压迫者，都应该走向谈判，来消除压迫。唯如此才有可能不再发生恐怖主义暴力。因此，人们不应该让太多的仇恨堆积起来。

曼德拉和马丁·路德·金的启示，对于我们今天的世界仍然适合。这个世界已超越了意识形态的对抗，超越了极权主义征服。这是一种希望的启示，现代社会能够通过互相理解和耐心细致，来超越冲突。为达此目的，必须要基于权利。不管任何人侵犯了权利，都应该引起我们的愤怒。对于权利绝不妥协。

注释：

④让－保尔·萨特：《1947年作家的状况》，刊于《形势II》，巴黎，伽里马尔出版社，1948年。

⑤ 让-保尔·萨特：《维持希望……!!!》，刊于《新观察家》，1980年3月24日。

为了一种和平的暴动

我注意到以色列政府对一件事的反应（我不是唯一注意这一反应的人）。事情是：每个星期五，比尔伊德的巴勒斯坦村民不扔石块，不使用暴力，行走到隔离墙前进行抗议。以色列当局把这样的行走称为"非暴力恐怖主义"。不错嘛……只有以色列才说得出把非暴力称作恐怖主义。非暴力的有效性让以色列政府很为难,其有效是因为非暴力激起了全世界反对压迫的人的同情、支持和理解。

西方提出的生产主义思维,已把世界带入一种危机。要走出危机,人们必须与金融领域和科技领域"多而越多"的加速前行作彻底的决裂。是时候了,人们应该把关注伦理、公正和持久的平衡放到最重要位置[按9]。因为,一些最严重的风险在威胁着我们。这些风险可以中断人类在这个星球上的冒险,让这个星球变得不适合人类居住。

的确,1949年以来,还是实现了一些重要的进步:非殖民化,结束种族隔离,苏联帝国被摧毁,柏林墙倒塌。但21世纪的第一个十年,是一个倒退的阶段。对于这个倒退,部分的解释是:乔治·布什当选美国总统,9·11,以及美国由此引出的灾难性后果,比如军事干预伊拉克。我们遭遇这场经济危机,但我们没有想出一个新的发展政策。同样,预防气候变暖的哥本哈根首脑会议,也没有让大家开展一项真正保存地球的政策。我们正处于一个门槛，在第一个十年的恐怖和后一些十年的可能性之间。不过，应该抱有希望，应该始终抱有希望。之前，1990年后的十年，曾实现了巨大的进步。联合国召开了许多会议，如1992年里约热内卢关于环境的会议，1995年北京召开的世界妇女大会，2000年9月，在联合国秘书长柯非·安南的创议下，191个成员国通过了《千年发展8个目标》宣言，尤其保证从今天到2015年减少世界一半的贫困。我很遗憾，奥巴马和欧盟都还没有表现出以他们的贡献来支持这个建设性的阶段，依据那些根本的价值观。

怎样总结这个让大家起来愤怒的呼吁？2004年3月8日，值全国抵抗委员会纲领60周年之际，我们抵抗运动和自由法国（1940-1945）部队的老战士声明：的确，"依靠抵抗运动兄弟姐妹和盟国反对法西斯主义野蛮的牺牲，纳粹主义已被战胜。

但这个威胁并没有完全消失,我们反对不公正的愤怒依然如故。"

没有,这个威胁还没有完全消失。因此,让我们始终呼吁"一种真正的和平暴动,反对那些大众传媒,给我们年轻人的视野提供的只是大众消费,蔑视贫弱者,蔑视文化,普遍的失忆,一切人反对一切人的过度竞争"。[6]

我们要对造就 21 世纪的青年男女们深情地说:

"创造,就是抵抗。

抵抗,就是创造。"

注释:

[6] 2004 年 3 月 8 日呼吁书的签名者是:吕西·奥布拉克(Lucie Aubrac)、雷蒙·奥布拉克(Raymond Aubrac)、亨利·巴罗利(Henri Barroli)、丹尼尔·高尔蒂叶(Daniel Cordier)、菲利普·德夏特(Philippe Dechartre)、乔治·甘古安(Georges

Guingouin)、斯特法纳·黑塞尔、莫里斯·克利格尔－瓦里蒙(Maurice Kriegel-Valrimont)、丽丝·伦敦(Lise London)、乔治·塞吉(Georges Séguy)、热尔曼娜·蒂庸(Germaine Tillon)、让－皮埃尔·维尔南(Rean-Pierre Vernant)、莫里斯·伏特(Maurice Voutey)。这个呼吁在年轻人中间引起很大的反响。同样，2009年5月17日在格利叶尔(Glières)高地一年一度由"今昔抵抗公民协会"发起的"抵抗言论"论坛上，斯特法纳·黑塞尔的即兴发言，也引起年轻人的很大反响。黑塞尔除了重申抵抗的原因是愤怒，还呼吁："去寻找你们自己愤怒的理由吧！来加入这股历史的大洪流之中！"黑塞尔的这次即兴发言，被吉勒·贝雷(Gilles Perret)录制到了他的纪录片《瓦尔特，回归抵抗》当中。而这次发言，正是这里发表的文字的起点。人们可以登录协会的网址：www.citoyens-resistants.fr

译者按语：

[按9] 把关注伦理、公正和持久的平衡放到最重要位置

黑塞尔批评了"生产主义""多而越多"思维，更强调社会分配的伦理和公正。

中国长期以来追求"GDP"主义，日益显示其片面性。重视社会公正，真正为最大多数的人民谋利益，"为人民服务"，以民为本，才是最要紧的。

出版者后记

斯特法纳·黑塞尔1917年出生于柏林,父亲弗朗茨·黑塞尔(Franz Hessel)是一位犹太作家、翻译家,母亲海伦·格伦德(Helen Grund)是一位画家,爱好音乐,也是一位作家。他父母于1924年来巴黎定居,带着他们的两个孩子:哥哥乌利希和斯特法纳。由于家庭氛围,两人都接触了当时巴黎的先锋运动，其中有达达主义者马塞尔·杜尚（Marcel Duchamp）和美国雕塑家阿勒克桑德·卡尔德（Alexandre Calder）。斯特法纳于1939年进入乌尔姆街的巴黎高等师范学院，但战争中断了他的学习。因为他已于1937年加入法国国籍，他被征兵，遭遇了战争的荒诞。他看到贝当元帅贱卖了法国主权。1941年5月，他去了伦敦，加入了戴高乐将军的自由法国。他在反间谍、情报和行动处（BCRA）工作。在1944年3月底的一个夜晚，他秘密潜回法国，代号"希腊人"，任务是与巴黎各抵抗运动体系取得联系，找到新的无线电发射地点，把收集到的情报发回伦敦，以便盟军登陆。1944年7月10日，他在巴黎被告密，遭盖世太保逮捕。他在1997年出版的回忆录《与世纪共舞》中写道："敌人是不会追捕已在刑罚下招供的人。"他受到了刑讯，尤其是浴缸刑。但是他对施刑者讲德语，自己的母语，一下把他们搞蒙了。于是1944

年8月8日,他被送到了德国布痕瓦尔德集中营,与巴黎解放只差几天时间。在将被绞死的前夜,他在最后时刻竟然得以与一个集中营里已死于伤寒的法国人替换了身份。他有了一个新名字:米歇尔·布瓦特尔(Michel Boitel),职业铣工。他被转到罗特勒贝罗德(Rottleberode)集中营,就在制造德国容克52型轰炸机起落架的工厂附近。幸运的是——他永远有运气——他精通会计工作。他越狱逃出了集中营。但被抓获,又被送到了多拉(Dora)劳改集中营。那里是制造V-1、V-2火箭的地方。纳粹还想靠这两种火箭来赢得战争。他被分到训导队,又一次越狱逃跑。这一次,他逃跑真的成功。盟军的部队靠近了多拉。最后,他回到了巴黎,与他妻子维西娅和两男一女三个孩子团聚。

这位自由法国的老战士在回忆录中写道:"这条捡回的命,应该用来参与行动。"1946年,斯特法纳·黑塞尔通过了法国外交部的考试,成为一个外交家。他的第一个工作单位,就在联合国。那一年,联合国副秘书长和人权委员会秘书亨利·洛基耶邀请他成为他的办公室秘书。斯特法纳·黑塞尔是以这个身份,参与了起草人权宣言的委员会。人们发现,在这个委员会12个成员中,有6个起到更重要的作用。他们是:爱蕾诺尔·罗斯福(Eleanor Roosevelt),1945年去世的罗斯福总统的遗孀,坚定的女性主义者,她主持了委员会;张博士,委员会副主任,他声明人权宣言不应当只是西方观念的反映;黎巴嫩的查尔斯·哈比布·马立克(Charles Habib Malik),是委员会的报告人,经常与爱蕾诺尔·罗斯福一起被称为委员会的"动力";法国的洛内·卡森,法学家和外交家,法国外交部人权咨询委员会主任,他撰写了好几个条款,并善于与某些国家包括法国的担忧(担心宣言威胁到它们的殖民主权)相协调,他有一种严厉和干涉主义的人权观;加拿大的约翰·皮特斯·洪弗利(J.P.

Humphrey），律师和外交家，洛基耶的密切合作者，他撰写了宣言第一稿400页文字；最后是法国的黑塞尔，外交家和洛基耶办公室主任，他最年轻。人们看到，自由法国的精神气息如何影响了这个委员会。人权宣言是1948年12月10日在巴黎夏约宫被联合国大会通过。后来大量新职员涌来，许多人是贪图薪水丰厚的职位，"挑肥拒瘦"，就像黑塞尔自己在回忆录中所评述的那样，他就离开了巴黎的联合国职位。他被法国外交部派往一些国际机构内任法国代表。以这个身份，他短期去了纽约和联合国总部。在阿尔及利亚战争期间，他赞成阿尔及利亚独立。1977年，他在爱丽舍宫秘书长克洛德·布洛索莱特（Claude Brossolette）（其父皮埃尔是自由法国反间谍、情报和行动处处长）的推荐下，德斯坦总统委任他担任法国驻日内瓦的联合国大使。他不掩饰，在法国所有政治家中他最感亲近的是皮埃尔·孟德斯·弗朗斯（P. M. France）。他是在伦敦自由法国时期认识弗朗斯，又于1946年在纽约联合国重逢。当时弗朗斯在联合国经济和社会委员会任法国代表。黑塞尔写道，他作为外交家身份的确认，缘于1981年"密特朗入主爱丽舍宫这个法国政府的变化。它把一个离退休还有两年、专于多边合作的外交人员变成一个法国大使。"他参加了社会党[按10]。"我自问为什么？首先一个答案：是1995年的冲击。我不能想象法国人会那么轻率把希拉克选为总统。"从此，黑塞尔拥有一本外交护照。他与他的新妻子于2008年和2009年两度去加沙地带，回来后作证描述加沙人民的苦难生活。当时他说："我始终站在抗议者一边。"

正是这个人，93岁，在这里说话。

S.C.

译者按语：

［按10］他加入了社会党

黑塞尔加入社会党，属于左派知识分子。

与著名左派知识分子布迪厄一样，黑塞尔批评西方新自由主义削弱福利国家的做法。左派知识分子更强调社会财富分配的公正性，强调国家对弱势人群的福利政策。

黑塞尔代表了法国抵抗运动的老战士和法国抵抗运动委员会的纲领。众所周知，法国共产党和工会在法国抵抗运动起了非常重要的作用。所以抵抗运动的纲领是一个左派纲领，要求资源能源、大银行国有化，实行社会福利。

黑塞尔重新提出抵抗运动的纲领原则，是对法国近二十几年来实行新自由主义的批判。

也与布迪厄一样，黑塞尔反对全球化，反对全球化带来的"金融市场的国际专制"，谴责全球化给民族国家带来的危害。

黑塞尔的思想,对今日中国经济"精英"全面奉行"新自由主义",一根筋迷信"全球化",应该有所启示。

附录:

1. 法国前总理罗卡尔等人的推荐信:给斯特法纳·黑塞尔诺贝尔和平奖!
2. 郭仲德:美前总统卡特著《牢墙内的巴勒斯坦》译序
3. 译者跋:从加利亚诺和黑塞尔谈起——西方"言论自由"的神话

1. 法国前总理罗卡尔等人的推荐信

给斯特法纳·黑塞尔诺贝尔和平奖!

斯特法纳·黑塞尔被提名候选诺贝尔和平奖。显然,很久以来他就跻身于,根据阿尔弗雷德·诺贝尔留下的定义,以自己的参与和勇气,"为了和平,为促使人民相互靠近、消除或减少常备军队、和解共聚与传播进步作出最大或最佳贡献"*的人士之列。

选择一位94岁的老人作候选人,在如今这个时代,是高度象征性的。人们被迫发现,一些老人日益显身，通过他们最近的作品变成了黑格尔"理性的狡诈"的信使。

表彰一个典范的过去，来维护并推动一个有尊严的未来，没有什么能比这更震撼人心了。

还有谁能比斯特法纳·黑塞尔这个人更能代表这个代代相承的长链？从第二次世界大战这场巨震以来，他不停地努力工作，把一种今天空前需要的代际活力，以伦理的力量，注入到国际关系和世界文明社会之中。用他自己的话说："抵抗，正是对自己说，历史是一种人类社会的持续创造。人类能够改变历史的进程，正是这，是负责任的公民的创造。"

所有的人类共同体都因拥有记忆、秉持智慧、照亮未来而表彰他们之中的老者。斯特法纳·黑塞尔正是属于这样的老者。他的生平证明了这一点。尤其，他还代表了心灵暴动、奇特的世界年轻一代的声音。他的声音产生了全球性影响。那些今天高举自由、解放旗帜的人民，为了他们命运的改变，需要开明的言论。

斯特法纳·黑塞尔始终选对阵营。他始终处于和平的潮流。他曾是反对野蛮纳粹的抵抗运动人士，参与创建联合国作为解决争端工具的外交家，一直大力倡扬洛内·卡森（前一位获诺贝尔和平奖的法国人）曾经倡扬的人道主义和国际主义使命。他曾代表联合国在撰写世界人权宣言的委员会工作，在去殖民化完成之时担任法国的大使，曾领导一些国际发展的大计划。他不知疲倦、执拗地捍卫社会穷困者和合法权利被践踏的人民。

他从来不屈服，始终大力传扬联合国先驱们的人道主义和国际主义使命。人权对于他是一种大规模和平化的武器。和平之路充满变故，至今仍然崎岖，但它是唯一可能的道路。

通过言语、交流和思考，意识得以形成，以适应新的要求，并产生新的意识。在这个混乱、焦虑和迷茫的时代,斯特法纳·黑塞尔复苏了希望,也复苏了对所有野蛮的抵抗。正是通过此,他向我们指出了一条建构人性未来的道路。

因此当然,双倍的当然,应该授予斯特法纳·黑塞尔诺贝尔和平奖。

埃德加·莫林(Edgar Morin),法国哲学家

米歇尔·罗卡尔(Michel Rocard),法国前总理

皮特·斯洛特迪克(Peter Sloterdijk),德国哲学家

理查德·冯·魏茨萨克(Richard von Weizsäcker),1984-1994年联邦德国前总统

四位签名者都是国际伦理、科学和政治委员会(Collegium International)成员

(原载2011年4月6日《世界报》)

*国内新闻通稿中把这段话中的"à la réunion

et à la propagation des progrès pour la paix"翻译为"为和平会议的组织和宣传……",是错误翻译。——译注

2. 郭仲德：

美前总统卡特著《牢墙内的巴勒斯坦》译序

2007年6月，英国牛津大学为表彰卡特的外交成就以及他在促进人权和民主方面的贡献，授予美国前总统吉米·卡特名誉法学博士。卡特以本书为主题，发表《中东公正的和平》演讲，坦言在美国几乎听不到对以色列政策的批评，国会从来没有就以色列和巴勒斯坦的冲突进行持平的讨论，其中一个因素就是美国以色列公共事务委员会（美以委会）的压力。卡特言简意赅地指出："伊斯兰极端主义的增长，穆斯林世界敌视美国的程度前所未见，这同圣地巴勒斯坦正义得不到伸张，不断发生流血冲突，是息息相关的。看不出这一点，不但愚蠢，同时也挺危险。"在美国政界和舆论界，批判以色列的言论受到压制，这是不争的事实。2006年3月，芝加哥大学米尔谢尔曼教授和哈佛大学沃尔特教授合著《以色列游说团与美国外交政策》一文，质疑美国毫无保留地支持以色列的中东政策，并且指出这是以色列游说团强势运作的结果。这篇文章成稿后，不但当初约稿的《大西洋月刊》出尔反尔，拒绝刊载，美国其他刊物和杂志也不敢刊载，最后只能发表在英国《伦敦书评》上。之后，亲以色列团体和个人对两位教授群起而攻，诋毁中伤，完全偏离了学术和政治辩论的常轨。这倒证实了他们的论点：以色列游说团封锁和扼杀任何对以色列不利的言论，以防止从美国政府本位利益出发，对中东政策进行检讨。卡特显然是同意两位教授文章的观点的。在执笔之前，对本书会令某些人不悦，他是有思想准备的，也估计到会引起争议。原著英文书名《巴勒斯坦：要和平，不要种族隔离》就是有意传递强烈的信息，引起各方关注，激起辩论。该书出版后引起的反弹如此之大却是始料未及。原著甫将出版，民主党领袖南茜·佩罗西（现任美国国会众议院议长）未曾阅读就同卡特划清界限，说"在以色列问题上，卡特的观点不代表民主党"。其后，亲以色列团体和个人对卡特进行抹黑和攻讦，指责他"撒谎""怯懦""偏执""反犹"和"抄袭"。犹太反诽谤联盟在报章上大登广告，指责卡特在书中批判以色列压迫巴勒斯坦人，在约旦河西岸推行种族隔离制是"歪曲事实""污蔑犹太人"和"反以色列"。美以委会痛诋卡特助长了"犹太人控制媒体、国会和政府的诳言和阴谋论"，要求他公开道歉。亲以色列游说团口诛笔伐之余，还策动卡特中心14名犹太裔顾问集体辞职抗议。压力纷至沓来，未几对卡特中心的一些捐款也戛然中止。为了声援卡特，联合国人权理事会关于被占领巴勒斯坦领土人权情况特别报告员杜尔加德教授（南非籍）投书《亚特兰大宪政报》，指出以色列近四十年来，以军事占领之名，行殖民统治之实，同时执行种族隔离制等一些最恶劣的措施。在所占领土遍设检查站和路障、摧毁房屋庄稼、筑隔离墙、施加集体处罚、军事入侵和暗杀，则比南非当年有过之而无不及。本书在美国主要的畅销书排行榜名列前茅，其中一个原因就是卡特打破政治禁忌，言人之不敢言。诚如书中所说的："由于美国国内强大的政治、经济和宗教势力，以色列政府的决策，很少受到质疑，更不必说遭受谴责。"有读者阅后心有戚戚然，感慨地说："没想到有生之年，还能听到政治头面人物在以色列问题上讲真话。"许多读者感到"茅塞顿开",明白中东冲突的根源以及目前流血对抗的真正原因。亲以色列游说组织飞扬跋扈,以色列历届政府因此有恃无恐,为所欲为,有些犹太裔美国人很不以为然。金融巨子、慈善家索洛斯于2007年3月在《纽约书评》发表《以色列、美国和美以委会》一文,痛陈"亲以色列游说组织压制批评意见,效果彰显,由于它能影响政治捐款,政治人物如要向它挑战,无疑是自找麻烦"。他还以亲身经验,说明"任何人敢于持不同意见,就可能受到人身攻击"。他主张犹太裔不要再让这些组织以他们的名义进行活动。本书对美以委会的势力本来只是点到为止,但由于卡特揭露以色列夺占巴勒斯坦人的土地,剥夺基本人权以及阻挠和平进程,触犯以色列拥护者的大忌,受到他们全面孤立、压制和打击。2007年5月,卡特为本书平装版写了一篇编后记(全文收录在中文版),毫不讳言美以委会对国会和白宫的"支配性影响",指出它大力支持以色列最保守的政策,并且要求政界"俯首听命"。他还就此向以色列的美国友人提出一番语重心长的忠告。细心的读者会注意到,书中提及贝京总理当年是犹太复国主义极端组织伊尔根的领导人,英国人视他为中东头号恐怖主义分子,并且也提到沙龙在任国防部长时,对黎巴嫩南部巴勒斯坦难民营千多名平民被屠杀负有不可推卸的责任。在"打击恐怖的全球战争"声中,这是发人深省的。尽管联合国大会于2004年就"恐怖主义"定义达成共识,但迄今仍未能通过关于恐怖主义的全面性公约。一些国家所以持保留态度,一来是为了维护民族解放运动进行武装斗争的正当性,二来是因为公约案文只针对非国家的行为者。强权国家滥捕、滥杀和滥炸无辜平民,从来不受惩治。《日内瓦公约》《国际刑事法庭罗马规约》和国际人道主义法等国际法做出的明文取缔,虽然发挥不了威慑作用,但违反国际法的行为毕竟是千夫所指。如果再让强权堂而皇之地把国家所犯的恐怖主义行为排除在公约适用范围之外，公理安在？卡特没有西方双重标准的盲点，在回答媒体访问时，表示不曾把巴勒斯坦人发射土制火箭看成恐怖主义。在其他场合，他一再提到自第二次起义以来，巴勒斯坦平民，包括妇女和儿童在内，丧生人数是以色列方面的五倍。卡特经常流露出对受难者的同情以及在维护人权和民主方面的执着。2006年1月，他在伦敦同国际四方接触，力陈哈马斯政府是自由、公平选举下产生的，不能对它进行经济制裁，不能容许以色列每月扣留代它征收的6000万美元税金以及切断国际社会对巴勒斯坦人的人道主义援助。美国政府没有接受这样的建议，巴勒斯坦人的境况目前惨不堪言。由于哈马斯不肯就范，它控制下的加沙受到以色列、美国和欧盟施加的更不人道的抵制，简直变成人间炼狱。卡特自己表示写书有三个目的：第一，如实道出以巴冲突真相；第二，激发讨论，希望有助于过去六年一直毫无动静的中东和谈重新启动；第三，引起大家关注巴勒斯坦人的困境，尤其是加沙居民的悲惨境况。以巴冲突关系到中东和平以及穆斯林国家对美国的敌视，盱衡形势，前景未可乐观。不容以战争夺占领土，巴勒斯坦难民返回故土权利以及耶路撒冷地位协商解决，一向是国际社会不变的立场。在亲以色列游说组织教唆下，美国国会于2002年通过"耶路撒冷是以色列永久、不可分的首都"，经布什签署成为美国法律，完全置国际法于不顾。2004年4月，布什在以色列外长怂恿下，宣布巴勒斯坦难民将来只能安置在构想中的巴勒斯坦国，而不是以色列国，还未进行和谈接触，就单方面先行减损难民返回故土的权利，对联合国决议和以前的协定视而不见。此外，细读以色列对《和平路线图》的十四点保留（附录7），就明白巴勒斯坦要以色列归还所占领土和资源，有若与虎谋皮。据联合国近东巴勒斯坦难民救济和工程处2007年8月的资料，隔离墙把10%的巴勒斯坦土地并入以色列，加上200多个定居点，500多个检查站、前沿据点、军事基地、军事禁区、以色列单方面宣布的自然保留区以及基础设施（例如巴勒斯坦人不准使用的公路网），一共占领巴勒斯坦领土达40%之多。隔离墙蜿蜒曲折，深入西岸腹地，把巴勒斯坦领土截成不相连的三段，犹如当年南非种族隔离制下的班图斯坦（见第16章译注）。土地充公、庄稼房屋被毁、市镇被包围切断、经济遭摧残、机构被破坏、失业人口比例节节上升、领导人锒铛入狱——这许多既成事实使构想中巴勒斯坦国的地理、经济、社会和政治的生存条件在迅速消失。目前西岸巴勒斯坦人口为240万人，但由于许多市镇被包围、截成两半，犹太定居者的暴力行为，一些地区的巴勒斯坦人减少一半以上。据联合国人道主义事务协调厅报道，在1995年，西岸和东耶路撒冷的犹太定居者为12万人，2000年增为22.5万人，到2007

年已增至45万人。迁徙所占领土的犹太人是迁徙以色列本土的三倍。犹太定居者人数众多而且不断增加,定居点设在西岸最好的地段,这就是布什所说最后解决办法必须照顾到的"实地状况"。综上所述,以色列和美国将来开出的和平条件缺乏公正性,是完全可以预见的。中东公正、持久的和平只是人们的一厢情愿。本书内容翔实,条理明晰,有助读者了解中东以阿对峙的根源,以巴冲突的症结所在,巴勒斯坦人在以色列统治下的实际遭遇,促使美国朝野正视偏袒以色列的中东政策,并且为历史留下忠实的见证。卡特在编后记呼吁国会和白宫拿出勇气,不能对以色列一味盲从。前任总统的公开表态,意义非比寻常。对国际读者来说,本书能摒弃西方强权和主流媒体的成见,就事论事,很有启发性和说服力,卡特客观持平的观点将产生深远的影响。作者的直率公正、理性和责任心、维护人权、服膺民主、尊重法律、光明磊落和人道主义情怀——人们久违了的美国人,正面形象又再鲜活地展示眼前,这是卡特本人足以告慰的。

(美国前总统吉米·卡特著《牢墙内的巴勒斯坦》,《Palestine: Peace not apartheid》中译本,西北大学出版社2008年版)

3. 译者跋：

从加利亚诺和黑塞尔谈起
——西方"言论自由"的神话①

前些天央视一条新闻：法国迪奥首席时装设计师加利亚诺，因喝醉了酒，在巴黎一家酒吧骂了一对犹太人几句，结果被指控"反犹""种族主义"言论，惹上了司法麻烦。在迪奥时装表演秀结束时，本应由加利亚诺出来，接受记者拍照的闪光和观众的喝彩……但加利亚诺没有出现，倒是迪奥公司的主管，庄严出现在T台正中，口中念念一连串"以……的名义"，正式宣布将加利亚诺解雇。

西方怎么也会发生如此祸从口出的事？不是说西方言论自由么？不是说法国有"我不同意你的观点但我誓死捍卫你说话权利"[②]的传统么？显然，西方言论自由并不都是真的。或者说在西方，什么言论都是自由的，骂谁都行，就是不能骂犹太人……这种完全是私下场合的酒话，都被如此上纲上线到"种族主义"高度，实在令人匪夷所思。

看看画面上那熟悉的街景，当年我住附近的巴黎国际艺术城两年，也常去那个街区喝一杯，听听酒吧里的音乐演奏。没想到，一位大名鼎鼎、西方上流社会的宠儿，竟然只因醉后酒话而倒霉，令人叹息。

无独有偶，加利亚诺事件，让我想到前不久法国《世界报》的一则报道，也可印证西方"言论自由"到了何其虚有其名的地步。

著名法国外交政治人士斯特法纳·黑塞尔（Stephane Hessel），预定2011年1月18日在巴黎高等师范学院举办一场关于以色列与巴勒斯坦问题的讨论会。但在"法国犹太协会代表委员会"（CRIF）的抗议和法国政府有关部门的压力下，1月12日巴黎高等师范学院宣布取消这场讨论会。

黑塞尔何许人也？今年高龄94岁，法国大名鼎鼎的抵抗运动人士，坐过德国集中营的牢，战后参与撰写联合国"世界人权宣言"，当过法国驻联合国大使，自己也有犹太血统。但出于正义，他对以色列对巴勒斯坦人民的压迫实在无法看下去，于是在2010年10月20日出版了一本三十多页的小书《请愤怒吧！》（Indignez-vous！），三个多月，就在小小6000万人口的法国销售了100万册。

黑塞尔早就对以色列发出批评的声音。2008年底以色列空袭加沙，造成大量巴勒斯坦平民伤亡。黑塞尔亲往加沙，目睹了难民营遭轰炸后的惨况，愤怒指控以色列政府犯下了不仅是"战争罪",而是"真正的反人类罪"(véritable crime contre l'humanité),并且把以色列列入"恐怖国家"。

这次巴黎高师讨论会被取消,实在是一个讽刺。巴黎高师是一所名人辈出的学校,可以说法国文化精英大都出自此校。文学家罗曼·罗兰,哲学家萨特、柏格森、阿隆、福柯,艺术史家丹纳,思想家布迪厄,政治家饶勒斯等,都毕业于巴黎高师,它是法国精神自由传统的象征。巴黎高师宣布取消黑塞尔主讲的讨论会,明显违反言论自由,引起了一些争议。

1月18日傍晚,黑塞尔本人,巴勒斯坦驻布鲁塞尔代表莎希德(L. Shahid)女士,还有众多的支持者和一些巴黎高师的学生,在巴黎高师附近的先贤祠前的小广场集会,抗议法国政府的"言论管制"(censure)。

"言论管制",都是中国自由派用以概述中国政府并认定是中国这样的"专制"国家所独有的东西，西方"民主""自由""宪政"国家是没有的。如今，在一个以"自由"立国的国度，在里面安息着伏尔泰、卢梭等自由先贤的国庙门前，一群自由公民在大声抗议"言论管制"，他们会作何感想？面对一位白发苍苍的老人愤怒地把嘴巴装上死死封闭的拉链，他们会若有所思么？

其实，黑塞尔受到的压制还不只是讨论会被取消，他还在吃官司。

2010年6月15日，黑塞尔呼吁参加一个抵制以色列占领阿拉伯领土地区生产的产品的运动，叫作"抵制、撤资、制裁"（boycott, désinvestissement et sanctions）BDS运动。这一事件马上引起法国犹太组织"全国警惕反犹办事局"的抗议，称其"挑动种族仇恨"，称这一活动是"非法的"，并对黑塞尔提起司法诉讼。

这个BDS运动的依据是，以色列在占领领土上对巴勒斯坦人实行"种族隔离"。当年一些西方国家因为南非当局实行"种族隔离",而对南非实行抵制"杯葛"(boycott)。如今以色列在占领领土上也实行"种族隔离",于是也应对其"BDS"。

今天的的巴勒斯坦地区,已成为数十个与世隔绝的飞地,加沙地带是其中最大的一块,可谓一个个如黑塞尔所说的"露天的监狱",或如梵蒂冈枢机主教马丁诺(Renato Martino)所说的"集中营"。到处是检查站,检验"良民证"。当年苏联建柏林墙被称为专制象征,如今以色列耗费巨资建造比柏林墙更高更现代化的隔离墙,在约旦河西岸建了650多公里,在加沙与埃及边境也建了240多公里,媒体却几乎不提及。居住在隔离墙里面的巴勒斯坦人,过着比当年南非黑人更没有自由的生活。国际上要运一些人道主义生活医药用品去加沙,以色列海军也拦截运送船只,甚至开火打死船上人员。这样的情形被越来越多的西方人士视为"种族隔离"。

不可思议的,是美国前总统吉米·卡特最早作出这样的定义。2006年11月，卡特出版《巴勒斯坦：要和平，不要种族隔离》（Palestine: Peace not apartheid）。卡特认为，今天的巴勒斯坦人"被剥夺了最基本的生存权利"。当今以色列对巴勒斯坦人的种族隔离，已超过了当年南非的种族隔离。自然，卡特立即遭到犹太势力的谩骂，骂卡特"反犹"。

二战后以来，犹太人被迫害的宣传铺天盖地。而以色列压迫巴勒斯坦人的真情却很少被人知。新闻自由么？卡特声明写此书的原因，正是"关于中东的现实，美国人普遍无知（largely unknown）"。全世界也普遍无知。由于世界主流媒体是犹太势力掌控，从来不报道巴勒斯坦人民的真实处境。电视新闻台只会转播世界主流媒体精心误导的报道，比如加沙的巴勒斯坦人在海滩上很悠闲快乐呀，或模拟踢足球世界杯呀，所以很多中国人根本不知道当今巴勒斯坦人的悲惨境况。当今是媒体信息时代。一件事实媒体不报道,就等于没有存在。

黑塞尔呼吁大家来参与 BDS 运动,法国犹太协会代表委员会负责人斥骂黑塞尔是"对精神的犯罪"(crime contre l'esprit),是"智力暴力"(violence intellectuelle)。这位负责人最恐慌的,恐怕不在于这个运动真的抵制了多少以色列占领领土的产品,而是这个活动会让更多的公众知道以色列"种族隔离"的真相,所以才要千方百计地把这样的言论与活动压下去。

黑塞尔不仅司法上被追究,在学术知识界,也遭到犹太学者的谩骂。法国国家科学研究院(CNRS)研究员安德烈·塔吉也夫(A. Taguieff)在自己的"脸谱"博客上写道:"有天晚上,在撒黑尔地区深处,一条毒蛇咬了黑塞尔老头一口。你猜发生了什么?是那条毒蛇死掉了!……当一条毒蛇具有了善意,像那位名叫黑塞尔的人那样,很可以理解人们想砸烂它的头!"

黑塞尔只是发表一个呼吁,一种言论,并未对法国国家安全构成危害,竟然也是犯法的?对,在当今"自由""民主""宪政"的法国,就是犯法。法国一位女参议员和另外 80 多位人士,也因参与 BDS 运动,已经或即将受到司法审讯(mis en examen)。有的人获得释放,有的人被罚款 1000 欧元……

这像一个"我不同意你的观点但我誓死捍卫你说话权利"的国家么?

其实,在西方广泛存在"言论管制",并非你想说什么就可以说什么,你想唱什么就唱什么。德国摇滚歌手麦克尔·莱吉纳(Michael Renener)因歌词有纳粹倾向,被判刑三年。美国大兵马克·豪尔(Mark A.Hall)编唱了一首讽刺美国国防部的反战饶舌歌曲,也被判蹲监狱。去年法国年轻人阿克赛尔·戈班(Axel Cobin),因在网络上传播纳粹倾向歌词，也被判刑三个月缓期，罚款600欧元……可见，在西方，网络上也不是随便"言论自由"的哦！

西方社会实际上有很多忌讳，不能去"自由言论"。比方说"民族主义"，是绝对不能肯定的，因为"民族主义"已永远与纳粹绑在一起，只能宣扬"世界主义"，称颂"全球化"。再如，犹太金融资本主控的"当代艺术"是不能批的。法国著名批评家让·克莱尔，因批评"当代艺术"而被人骂为"反动派""极右""法西斯"。所以，克莱尔明确说，当代西方与前苏联一样，存在"言论管制"。另一位法国评论家让－菲利普·多梅克（J.-Ph. Domecq），也指控当代艺术批评界是一种"极权主义意识形态"，实施"人类压迫史上一种新种类的精神压轧（laminage mental）"。人们只能言不由衷，否则就要付出"高昂代价"。

还有一个禁忌，绝不能碰，碰就是犯法。那就是：对大屠杀与毒气室，任何质疑，甚至研究都是犯法的。德国、奥地利、法国、瑞士等国，都有明确的相关立法。然而在西方，就是有那么一批质疑大屠杀与毒气室的学者和各类人士，人称"否定主义"或"修正主义"派，冒着被判刑的危险，仍然坚持研究，质疑大屠杀与毒气室。在今天，有相当多的"否定主义"人士在西方被判刑入狱，真实上演一出出当代"文字狱"。[③]

最著名的"否定主义"学者，可举英国历史学家戴维·伊尔温（David Irving）和法国前里昂大学教授罗贝尔·福利松（Robert Faurisson）。

伊尔温是二战史专家，因否认大屠杀和毒气室，好几次在德国和奥地利被缺席判罪。2005 年他去奥地利旅行，被奥地利警方逮个正着，判刑三年。上诉无效，还是坐了一年多牢（400 多天）。英国本是西方自由主义渊源之地，没有禁止"否定主义"的立法。所以伊尔温只要不去德、奥、法等国，还是可以自由做他的研究的。不过，2007年底，牛津辩论联合会邀请了伊尔温，举办一场讨论会，结果会场闯入一批抗议者叫喊唱歌，干扰会场，最后竟然出动了警察来保护讨论会，堪称奇景。伊尔温的名言是"我不说他们想听的，我只根据档案说话！"

福利松在法国，命运就比较悲惨了。他从1970年代开始就认定毒气室不存在，并质疑《安娜·弗朗克日记》的真实性，结果长期遭到人身威胁。1989年被暴徒殴伤，肋骨被打断。之后不久，被革除教职，还遭到搜家、罚款、冻结银行账户。到外地旅行时，在许多国家遭到拒绝入境或驱逐出境。2005年，福里松被判刑三个月缓期。著名美国学者乔姆斯基，曾为福里松辩护……

德国当代最著名的历史学家之一恩斯特·诺尔特（Ernst Nolte），主张不应当用法律来禁止质疑大屠杀，而应该用事实来论证。他批评西方学术界的"不宽容气氛"："如此禁止分析纳粹主义……

那么20世纪的历史学家们只有闭嘴沉默了！"④

"否定主义"人士不仅有判刑之虞，还遭受媒体封杀、人身威胁，甚至付出生命代价。曾亲历德国集中营的法国历史学家保尔·拉西尼叶（P. Rassinier），是法国最早的"否定主义"学者，一直被主流媒体封杀。美国教授亚瑟·布茨（A. Butz），写过《20世纪的欺诈》（The Hoax of the Twentieth Century），也寂寂无闻。1978年，法国右派、"否定主义"人士弗朗索瓦·杜普拉（François Duprat），因否定大屠杀，被汽车里安放的精密炸弹炸死。1981年，法国语言学博士盖聂（Michel Caignet），因把《奥斯维辛的谎言》小册子从德语翻译成法文，被人脸上泼硫酸毁容。⑤ 1982年，美国"修正主义"历史学教授乔治·阿希莱（G. Ashley）的住宅多次被砸，遭燃烧弹袭击。1984年，设在美国加州的"修正主义"历史复审研究所（Institute for Historical Review）遭纵火，所有原始档案资料、手稿和六年的研究成果被焚毁。英国、比利时和法国一些出版社和书店,因出版、售卖修正主义书刊,而被纵火或捣毁。诺尔特只能算半个"修正主义者",也受到电话恐吓和人身威胁,1988年他的小汽车被人焚毁……

既然是历史事实,为什么要立法禁止人们去研究?哪怕是极其邪恶的言论,比如美国三K党,也有设立电台的言论自由啊。为什么大屠杀和毒气室就不许人们去研究、去质疑?要研究质疑,就来"文字狱",这就显得不正常。

诺尔特说"20世纪的历史学家们只有闭嘴沉默",黑塞尔用图像标示"闭嘴",世人应知西方"言论自由"为何物。

黑塞尔的"请愤怒吧",可以说是当代左拉的"我控诉!"(J'accuse)

但指控的对象发生了变化:当年左拉是为受冤犹太人辩护,而今竟是犹太国家成了指控对象。当年的被迫害者,如今转变成以国家机器压迫别人的形象。

这里要声明:本人绝不反犹。相反,本人最敬佩的两位西方学者都是犹太人。一位是批判社会进化论和欧洲种族中心论的法国著名的社会人类学家、哲学家克洛德·列维-施特劳斯,另一位是揭露美国累累恶行、斑斑劣迹的美国大学者乔姆斯基。

本人所想说明的是,当今世界主流媒体,充满着"宣传"(乔姆斯基语)和谎言。一方面是故意掩盖一些事,另一方面是大肆夸大宣扬另外一些事,甚至杜撰伪造新闻事件(乔姆斯基揭露新闻造假是英国和美国媒体"宣传"的拿手好戏,如"拯救美国女兵林奇"等)。尤其,西方并无真正的言论自由、新闻自由、学术自由,⑥而是有很多禁忌或"政治正确"。其中最大的禁忌,就是不能研究质疑大屠杀和毒气室,不能骂犹太人,进而也不能批评以色列。

明乎此，我们就可以理解加利亚诺的酒话和黑塞尔的小书所招致的严重后果了。

注释：

① 这是译者在买到《请愤怒吧》一书之前，介绍黑塞尔其人其书的一篇博文，原标题为"请愤怒吧，西方言论自由的神话"。

② 这句在中国广为传播的伏尔泰名言，其实没有出处。在网上寻找法文文本，竟然五花八门，没有统一的文本，但都没有"誓死"一说。如果真是伏尔泰所言，应该很轻易找到出处。这样的情形让人猜疑，这话很可能是为了美化西方"言论自由"而加到伏尔泰头上。

③ 1999年，德国哲学博士菲德烈克·托本（F. TÖben）因否定大屠杀，被判刑九个月。2004年，瑞士退休教师阿芒德鲁兹（G-A. Amandruz），因否认大屠杀被判刑一年。2007年，德国生物科学家格尔马·鲁

道夫（G. Rudolf），因出版发行修正主义书刊，被判刑两年半。2008年，奥地利工程师沃夫冈·弗洛里希（W. Frohlich），因否认大屠杀被判刑六年半。2009年4月，奥地利作家、诗人宏西克（G. Honsik），因否认大屠杀被判刑五年……

④见http://www.vho.org/F/j/Akribeia/6/Akribeia81-93.html

⑤François Furet/ Ernst Nolte : Fascisme et communisme, Plon, 1998, Paris, p.136

⑥倒是在当今中国，可谓言论最为自由。那位袁某人在课堂上恶毒咒骂伟人毛泽东，类比有人在美国课堂上恶毒咒骂华盛顿，一定会有司法麻烦，但在中国却没有受到任何法律追究。

> 党政干部书架

中央编译出版社重点推荐

《国家命运：反腐攻坚战》
邱学强、徐伟新、俞可平、袁曙宏等 26 位著名专家学者合著

《国家命运：中国未来经济转型与改革发展》
吴敬琏、厉以宁、林毅夫、高尚全等 32 位著名经济界顶尖学者合著

《生态文明建设概论》贾卫列 杨永岗 朱明双 著

《国富新论》 翟玉忠 著

《中国超级经济》〔加〕 殷敬棠 著

《创新中国教育》〔加〕江学勤 著

《谁在导演世界》 边 芹 著

《大国崛起之谜》 李召民 著

《默克尔新传：奋斗会让自已变得更强大》 王拥军 著

《朴槿惠新传：在苦难中微笑成长》 张俊杰 著

《李光耀新传：小国家走出来的大领袖》 王拥军 著